Maria Azenha

As mãos no fogo

escrituras
São Paulo, 2016

Copyright do texto ©2016 Maria Azenha
Copyright da edição ©2016 Escrituras Editora

Todos os direitos desta edição reservados à
Escrituras Editora e Distribuidora de Livros Ltda.
Rua Maestro Callia, 123 – Vila Mariana – São Paulo – SP – 04012-100
Tel.: (11) 5904-4499 / Fax: (11) 5904-4495
escrituras@escrituras.com.br
www.escrituras.com.br

Criadores da Coleção Ponte Velha
António Osório (Portugal) e Carlos Nejar (Brasil)

Diretor editorial: **Raimundo Gadelha**
Coordenação editorial: **Mariana Cardoso**
Assistente editorial: **Karen Mitie Suguira**
Capa, projeto gráfico e diagramação: **Guilherme V. S. Ribeiro**
Impressão: **Mundial Gráfica**

Dados Internacionais de Catalogação na Publicação (CIP)
(Câmara Brasileira do Livro, SP, Brasil)

Azenha, Maria
  As mãos no fogo / Maria Azenha. – São Paulo:
Escrituras Editora, 2016. – (Coleção Ponte Velha)

ISBN 978-85-7531-706-8

1. Poesia portuguesa I. Título. II. Série.

16-08214   CDD-869.1

Índices para catálogo sistemático:
1. Poesia: Literatura portuguesa   869.1

Edição apoiada pela Direção-Geral do Livro,
dos Arquivos e das Bibliotecas/ Portugal

Impresso no Brasil
Printed in Brazil

Sumário

1 [Vivo numa terra de refugiados] 5
2 [Escrevo para desobedecer à morte] 6
3 [Não será um bom poema] 7
4 [Percorre estradas de sombra e cinza] 8
5 [Estavam todos mascarados] 9
6 [Uns tomam *Prozac*. Outros fazem plásticas] 10
7 [Imagina um poema] 11
8 [Nos joelhos do poema] 12
9 [Há mulheres que pintam os lábios e beijam] 13
10 [Aqui vive o poema que ninguém escreveu] 14
11 [Sou uma pedra] 15
12 [Está na estação há mais de trinta anos] 16
13 [Tinha dezoito anos quando cegou] 17
14 [Na sala há uma parede escarlate] 18
15 [Escondem-se os ratos na casa abandonada] 19
16 [Não me ocupo de sons] 20
17 [As abelhas voam] 21
18 [Conheci uma rapariga que tinha três mães] 22
19 [Imagino versos registrados por sismógrafos] 23
20 [Preparou tudo] 24
21 [Ofereceram-lhe de presente de aniversário
    uma caixa redonda] 25
22 [Assim de frente] 26
23 [Afinal não tinha senão] 27

24 [Nunca encarei a Poesia como uma
    epístola aos pobres] 28
25 [Com grandes frascos de hipnóticos] 29
26 [Tranquila na face] 30
27 [Neste momento estou só a ler poesia] 31
28 [As aranhas] 32
29 [Geralmente só acontece aos outros] 33
30 [Acordo todos os dias à mesma hora] 34
31 [Maria vai fazer oitenta anos
    e vive em tempo real] 36
32 [Este verso vai em movimento] 37
33 [Amanhã envio-te um poema] 38

1

Vivo numa terra de refugiados.
Só o medo.
Um país de cerejas.
E uma cela sem paredes.

2

Escrevo para desobedecer à morte.
Voo em direção às altas montanhas.
No meu forno de alquimista terrestre
trabalho incansavelmente a melodia das pedras.
Os meus cabelos vão-se tornando um acervo das
                                  [árvores.
Observo as estrelas e o fulgor imenso da sua solidão.
Nicanor disse:
Contra a poesia das nuvens!

Não será um bom poema.
Nem sequer um poema.
Vou fazer o papel de uma mulher
que escreveu no próprio dilúvio
a estória dos tempos modernos.

Um homem
foi encontrado morto
dentro de casa.
Não cortou os dedos.
Não telefonou à família.
Não acendeu um cigarro.
Não levantou a faca.
Nem viu se havia órgãos
dentro do corpo
para negócio.

Trazia entre mãos um espelho de misericórdia.

Ficou escrito para epitáfio:

Quantas perguntas?
Quantas respostas?

4

Percorre estradas de sombra e cinza
entre trilhos de ruína e pedras
convocando os joelhos afiados da chuva
contra muros de lepra.
O poema é a página que o nega.

5

Estavam todos mascarados. A Virgem Maria tinha
[cinco anos.
Os pais e os avós estavam contentes
com as coisas vulgares desta época.
Quando o menino Jesus nasceu fomos todos
para o andar de cima.
Comi dois croquetes.
Os reis magos, uma fatia de chocolate e um bocado
[de salame.
Havia batata frita, gelados e coca-cola para os garotos.
O rapaz que não estava na peça
achou estranho que as ovelhas falassem
e que o Menino estivesse todo o tempo calado.
Rimos muito. Demos um passeio pelo parque.
Esquecemo-nos de todos aqueles disparates
contados na peça de Natal às crianças.
Quando acabou a festa chovia muito.
O céu estava escuro.
Não foi preciso jantar.
A mamã estava com uma depressão pós-parto.

6

Uns tomam *Prozac*. Outros fazem plásticas.
Eu ouço o ranger das portas.
Uso pastilhas de som em grandes teatros.
Os meus colaboradores são os objetos.
Por exemplo: batata não quer dizer fome.
Nem mesa. Nem supermercado.
Faz-me abrir a boca e vocalizar em **a.**
Quando deprimo uso a língua.
As vogais são minhas aliadas.
As consoantes vivem em vasos de terra.

Componho frases em frascos de náufragos.

Imagina um poema.
Imagina um livro com o poema lá dentro.
Imagina que fui eu que escrevi esse poema.
Imagina o lugar onde está
– não há como não pensar que existe o infinito –

Moro num grande círculo.
Começo a inquietar-me.

8

Nos joelhos do poema
a criança está só e treme como a chuva viva.

Há mulheres que pintam os lábios e beijam.
E retocam a face. E não são amadas.
Eu escrevo versos e reponho nuvens
no lugar da página.
Por vezes chove.
E brilha um bar de lágrimas nos meus olhos.

Lembro-me então de um homem
fechado em casa
que falava com um poema dentro do inverno:
– a mãe e a neve nos braços às portas da morte –

Uma pomba num manicômio
chorou sobre os excrementos
dos versos.

Aqui vive o poema que ninguém escreveu.
Entre os meus dedos jaz a página
que se contempla a si mesma.

Sou uma pedra.
Uma pedra no lugar da palavra pedra.
Uma pedra magoada pelas pancadas da pedra.
Essa pedra está escrita entre duas colunas.
Entre o branco e o negro.
Entre o **J** e o **B**.
Os seus cabelos são vermelhos.
O seu rosto não tem rosto.
Quatro rosas púrpuras guardam o sangue.
No santuário do cérebro o manto do orvalho acende círios.
É uma casa de silêncio.
Uma casa iluminada por sete estrelas.
Sete crepúsculos.
Sete auroras de tempo.
Sete castiçais de ouro.
Assim é o espelho da sua fonte.
Escreve.
Escreve nela o teu nome.

12

Está na estação há mais de trinta anos.
Espera a filha que está do outro lado do mundo.
Ela deve chegar com uma papoila no vestido.
Os olhos
mais negros do que as sombras
e um menino
de cabelos compridos.
Na estação as estrelas veem-se melhor pelo Outono
e os passageiros chegam e partem
como formigas brancas para o mesmo destino.
Pressinto às vezes que ela deve estar quase a brotar
porque ouço uma canção que mais ninguém ouve
– os olhos da mãe voam no espaço como pequenos
                                        [remendos –

Com uma agulha entre os dedos ela cose a roupa do
                                        [poema
e atira pássaros mortos contra limões secos na lua.
A estação é o ruído do comboio num cemitério de
                                        [sombras.
Uma faca de papoulas no centro da noite.

13

Tinha dezoito anos quando cegou.
Conheci-o em Bona.
Era professor de filosofia
e ensinava música.

Beethoven nasceu surdo
e foi um gênio.

No jardim de casa
Brincam agora crianças à cabra-cega.

14

Na sala há uma parede escarlate.
Nela está escondido o führer.
Alguns homens são então levados
em fatos transparentes para fora de casa.
Uns arrastam-se em blocos.
Outros são treinados por cavalos.
Jorram sangue pelo nariz e pela boca.

Há um lago ensanguentado no meio da tarde
onde náufragos se abatem e afogam.
Por vezes sou um número
fazendo pressão contra a parede.
Nessa parede está escondido um homem.

Escondem-se os ratos na casa abandonada.
A chuva contra a boca do vento.
O vento contra a fala da água.
E eu mesma fora do poema.

16

Não me ocupo de sons.
Nem de vírgulas.
Nem de pontos.
Nem se este verso faz sentido com aquele.
Schubert pedia uma maçã como prenda.
Aos catorze anos lia Goethe.
Amanhã talvez chova.

Schubert morreu.

As abelhas voam
duas
a duas

sob a minha língua

enforcadas num fio de ouro.

18

Conheci uma rapariga que tinha três mães.
Fomos apresentadas debaixo de um vulcão.
Queria ser voluntária.
Foi para uma linha de ajuda.
De mão dada com os peixes de segunda-feira
nadou três vezes no rio.
Trouxe uma fita vermelha do fundo
que colocou no cabelo.
Havia uma escada com degraus pequeninos
que encolhiam e esticavam.
Agarrou-se a um deles vestida de Marilyn.
Escorregou
e
caiu.

19

Imagino versos registrados por sismógrafos,
alguns mortos que ardem em silêncio.

Sobre eles
cairá o pó dos séculos.

A cidade assemelha-se a um deserto branco.
Difícil filmar o gelo.

20

Preparou tudo:
A penumbra.
A sala.
A corda.
A mão pousada no retrato de *Sylvia Plath*.
O papel com o último número de telefone.
O casaco pousado no solo.
Tudo sem grande aparato.

Quando deram por ele
tocava na rádio um *blues*.

21

Ofereceram-lhe de presente de aniversário uma caixa
[redonda
de madeira clara com sílabas pequenas.
Não perguntou se lá dentro
morava alguém
ou simplesmente vivia desenhada uma flor de abelhas.
Colocou-a no quarto em cima da cômoda
acompanhada
por meia dúzia de estrelas com insônia.

A luz é uma nuvem que se inclina por cima de mil rosas.
Os anjos parecem feitos d'água.

Pode a morte ser tão pródiga?

22

Assim de frente
ao espelho
eu tu
 ut ue

Por dentro

 uos
 sou

Na vida *an adiv*
Na morte *an etrom*

De frente
sem
tempo

tu *ut*
ue

Um

23

Afinal não tinha senão
uma gangrena na alma
modelada pelo volume do corpo.

Com poses de atriz que vai entrar em cena
compôs a boca com uma estrela.

– foi isto pela enésima vez –

Há sons que precisam de afinação
como carvão em fogueira.

24

Nunca encarei a Poesia como uma epístola aos pobres.
Nem como um espelho de paz.
Nem como um passatempo literário
para entreter acadêmicos.
Vejo-a como um trabalho moderno de Hércules
através de um específico repórter local que se chama Poeta.
Ele não faz outra coisa senão
deixar bilhetes ao acaso
numa gare qualquer com o aviso *"Perigo de morte!"*.

25

Com grandes frascos de hipnóticos
entraram pelas sombras das portas.
Levaram todos para a guerra.
Convenceram os jovens.
Enterraram vidros nas raízes da terra.
Escreveram com ácidos e bombas de fósforo.

De que estamos à espera?

26

Tranquila na face.
Plácida na pose,
como se ficasse para sempre sentada.

Uma nuvem sobre os ombros.
Alva.
Leve no esboço.

No mármore repousa.

Neste momento estou só a ler poesia.
Nada mais me faz falta.
A poesia é o melhor afinador da alma.
Tenho um quintal. Subo ao fogo.
Depois voando atiro-me para o chão.
É assim que escrevo:
uso o corpo todo.

28

As aranhas
tecem
as teias.

Nelas dançam.

Nelas
se
enforcam.

Geralmente só acontece aos outros.
As justificações: as usuais.
Passava fome.
Não tinha amigos.
Era franzina.
Sensível demais.
Tinha o hábito de se curvar sobre as pontes do cais.
Não deixou nenhuma corda ao pescoço.
Nem cartas de amor.
Nem contas para dividir com os outros.
– Suicidar-se é coisa vulgar –
Sete anos foram levados para encontrar esta mulher.
Vivia à espera de uma pá que a levasse para o lixo.
Foi encontrada ontem.

30

Acordo todos os dias à mesma hora.
Hoje acordei condecorada pela minha cabeleireira.
Trabalho horas a fio para a autoridade tributária.
Preferia, se tivesse que ter preferências,
ter sido condecorada pelas mãos da *Lúcia Canhoto*
ou ganhar um euro na raspadinha.
O pior é que me obrigaram a colocar uma fita ao
                                      [pescoço.
Decidi-me então escrever "As laranjas mecânicas do
                                      [sr. Barroso".
Se não fosse a minha tia e as senhoras que violaram o
sistema da justiça
já tinha acabado o volume inteiro.
Assim continuo a derreter velas à noite,
a escrever cartas trocadas do marido para o amante.
Ninguém sabe que a guerra lixou tudo.
Sou a favor da distribuição de poemas ao acaso
em vez de cigarros eletrônicos na boca
uns atrás dos outros.
Sim, porque há fumo e fumos e outras coisas notáveis.
Noutro dia vi uma pomba na rua
a escolher do chão o que um cão tinha feito
– quem sabe se teria tomado *brandy*!–

Chega a ser tocante. Às vezes uma maldição.
De duas em duas horas assisto ao sorteio de salários
com ou sem reposição de nomes.
Tenho a impressão que aterrei num planeta em saldo.
Tornei-me uma farda.
Conheço um gato licenciado que ainda não foi
[colocado.
Não sou o rei Lear.
Estou sentada num caixote de lixo com os olhos
[vendados.

31

Maria vai fazer oitenta anos e vive em tempo real.
No último aniversário foi engolida por um bolo.
As velas foram guardadas para memória futura.
Está nas mãos da bela adormecida e do pai natal
que é o bombista de Estocolmo, cidadão sueco.
– é o que faz fazer anos sem razão alguma.
Como se uma abelha pousasse no coração
e a picasse com números –
A cadeira de Maria ficou sentada no lugar do
                              [WikiLeaks.
Quem publica este poema é o açucareiro.
Maria nada tem a ver com o ministro dos negócios
                                    [estrangeiros,
quer acreditem ou não.

Este verso vai em movimento.
Cai aos pés de um espelho com um estrondo.
Uma aranha errante ocupa o trono
com uma sílaba na fronte.
Faz exercícios de alongamento
para o poema onde crescemos.

Está aqui a observar.
Está fora de si mesmo.
Segue agora no deserto.
Está pronto.

33

Amanhã envio-te um poema.
Hoje, não.
Amanhã,
sem que o percebas,
recebê-lo-ás na caixa de correio.

As rãs vão no selo.

Impresso em São Paulo, SP, em dezembro de 2016,
com miolo em off-set 90 g/m², nas oficinas da Mundial Gráfica.
Composto em Berkeley Oldstyle Book, corpo 12 pt.

Não encontrando esta obra nas livrarias,
solicite-a diretamente à editora.

Escrituras Editora e Distribuidora de Livros Ltda.
Rua Maestro Callia, 123 – Vila Mariana – 04012-100 – São Paulo, SP
Tel.: 5904-4499 / Fax: (11) 5904-4495
escrituras@escrituras.com.br
vendas@escrituras.com.br
www.escrituras.com.br